ひまわりの おか

大《おお》きな北上川《きたかみがわ》のそばの　小高《こだか》いおかの上《うえ》に、
小《ちい》さな花《か》だんが　ありました。
きせつきせつの花《はな》が　さいて、
ちょうちょも　はちも　やってきました。
おかのむこうには、小学校《しょうがっこう》が　あります。

文　ひまわりをうえた八人のお母さんと
葉方 丹
絵　松成真理子

大川小学校《おおかわしょうがっこう》は、
みんなで一〇八《ひゃくはち》人《にん》の　小《ちい》さな学校《がっこう》です。
みんな　なかよし。
大《おお》きな家族《かぞく》のような学校《がっこう》です。

二〇一一年《にせんじゅういちねん》、三月一一日《さんがつじゅういちにち》のことです。
午後《ごご》二時《にじ》四六分《よんじゅうろっぷん》、
とても大《おお》きな地震《じしん》が　ありました。
子《こ》どもたちは、いそいで
雪《ゆき》のふる校庭《こうてい》に　あつまりました。
おやすみしていた子《こ》、すぐに　おうちの人《ひと》が
むかえにきてくれた子《こ》も　いました。
のこった　七八人《ななじゅうはちにん》の子《こ》どもたちが、
こわさと　さむさに　ふるえていました。

「津波《つなみ》が　くる！」

子《こ》どもたちが、おかの上《うえ》の花《か》だんにむかって
あるきだしたとき、大《おお》きな大《おお》きな津波《つなみ》が、
みんなをのみこみました。
七四人《ななじゅうよにん》の子《こ》どもたちと
一〇人《じゅうにん》の先生《せんせい》の命《いのち》を
うばいました。

「はやく　おうちに
つれて帰《かえ》ってあげたい」
「もういちどだけ、だきしめたい」
お母《かあ》さんたちは、くる日《ひ》もくる日《ひ》も
子《こ》どもたちをさがしました。
がれきをはこび、土《つち》をほり、
海《うみ》のそこをのぞきました。

六月《ろくがつ》のはじめ、ひとりのお母《かあ》さんが、
「おかの上《うえ》の花《か》だんに、ひまわりをうえようよ！」
と、いいました。
あの日《ひ》から　ちょうど　四九日目《しじゅうくにちめ》に見《み》つかった
愛《あい》ちゃんのお母《かあ》さん。
あかるくて、そして、
いちばんの泣《な》き虫《むし》です。

「ひまわりが　さいたら、きっと　よろこぶよ」
「もう　なにもしてあげられないしね……」
「みんな、ここにきたかったんだもんね！」

やがて、小石《こいし》だらけの土《つち》から、小《ちい》さな芽《め》が
顔《かお》をだしました。
お母《かあ》さんたちは、ひまわりのせわをしながら、
子《こ》どもたちのことをはなします。

「愛《あい》はね、スポーツが　だいすき。
おうちのみんなが　だいすきで、
なまえのとおり、
みんなに愛《あい》される子だった。
写真《しゃしん》は　ぜんぶ、ひまわりみたいに、
にこにこえがおだったよ。
みじかかったけど、きっと　しあわせだったからだね」

愛《あい》ちゃんは　六年生《ろくねんせい》でした。

ひまわりは、ひょろひょろ　やせっぽっちです。
「ここも津波《つなみ》にのまれて　潮《しお》をかぶったから、ひまわりは　そだたないよ」
と、だれかが　いいました。
「それなら　お水《みず》をたくさん　あげましょう。
しょっぱくて、のどが　からからでしょ。たくさん　のんでね」
すると、
「水《みず》は、やりすぎないほうが　いいよ。根《ね》っこが　そだたなくなるから」
という人も　います。
でも　お母《かあ》さんたちは　思《おも》いました。
「いいよ。あまやかそう。
のみたがってるんだもん、たくさん　あげようよ。
もう　がまんしなくて　いいよ」

あつい夏《なつ》です。
お父《とう》さんたちが　大《おお》きな水《みず》のタンクを
おいてくれました。
これで、まいにち　はこんでこなくても、
たっぷり　お水《みず》が　あげられます。

「昌明《まさあき》がね、まいにち
『ママ、うちゅういち　すき！』って　いってくれるの。
どうして〝うちゅういち〟なの？　って　きくと、
『マーね、うちゅうより大《おお》きいもの　まだ　知《し》らないの。
もっと　大《おお》きなものが　あったら、〝それいち〟！』って。
ママもです」

「理沙《りさ》は、わたしより
しっかりしていたから、
親友《しんゆう》みたいに　なんでもそうだんしたよ。
そんな理沙《りさ》に
『ママは、本《ほん》と　コーヒーがあれば　生《い》きていけるね』
って　いわれたことがある。
理沙《りさ》が　そう思《おも》うのであれば、
わたしは　きっと　だいじょうぶなんだね」

昌明《まさあき》くんは　三年生《さんねんせい》、理沙《りさ》ちゃんは　六年生《ろくねんせい》でした。

テントウムシが　とんできました。
葉《は》っぱをたべる虫《むし》も　います。
「少《すこ》しなら　あげてもいいよね」
子《こ》どもにきくように、ひまわりにいいました。

「凛寧《りんね》は、三人姉妹《さんにんしまい》のお姉《ねえ》ちゃん。
よく　妹《いもうと》のおせわをしてくれたの。
本《ほん》と　うたが　だいすき。
ダンスも　じょうずだったよ。
小《ちい》さいのに、妹《いもうと》が　いじめられたりすると、
『凛寧《りんね》の妹《いもうと》、いじめんじゃないよ！』
なんて、大《おお》きい子《こ》にも　くってかかってた」

凛寧《りんね》ちゃんは　二年生《にねんせい》でした。

お母《かあ》さんたちは、ひまわりのそばへ行《い》くと、心《こころ》が　やすまります。
ひまわりのせわをしていると、
子《こ》どもといるような　やさしい気《き》もちになります。

「ゆめを見《み》たよ。
ディズニーランドから帰《かえ》ってきて
『ただいまー!』と　走《はし》ってくるふたりを、
ぎゅっと　だきしめる　ゆめだった。
うれしかったぁ」

ふたりは、早李《さり》ちゃんと　瑠優《るう》ちゃん、
五年生《ごねんせい》と　三年生《さんねんせい》でした。

「早李《さり》がね、携帯電話《けいたいでんわ》に
『つらいとき、くじけそうなとき、
すぐに　とんでくよ』っていう
メッセージをのこしてくれてたの。
……いますぐ　とんできて、
早李《さり》、瑠優《るう》！」

「わたしが　足《あし》を組《く》んでいると、
『ママ、足《あし》を組《く》むと　体《からだ》にわるいよ』と、足《あし》をおろしてくれた玲奈《れな》。
ごめんね、足《あし》を組《く》むくせ、まだ　なおらないよ」

「インコが　カゴからにげだしたとき、わたし　泣《な》いてしまったね。
そしたら、いっしょうけんめい　つかまえてくれた凌斗《りょうと》。
とても　たのもしかったよ」

「友梨香《ゆりか》のねがいは　たったひとつ。
おじいさんと　ママのあいだに　はいって、ねること。
おねがいことわって、ごめんね。友梨香《ゆりか》」

「三人《さんにん》とも　いつも
『ママ　だいすき！』って　いってくれたね。
ママもだよ！」

六年生《ろくねんせい》の玲奈《れな》ちゃんは　保育士《ほいくし》、
五年生《ごねんせい》の凌斗《りょうと》くんは　サッカーせんしゅ、
二年生《にねんせい》の友梨香《ゆりか》ちゃんは　ケーキやさんになるのが　ゆめでした。

「択海《たくみ》は、　こんちゅうが　だいすき。
アリのすや、アリジゴクを見《み》つけると、　ずっと　見《み》てるの。
トンボや　バッタも、よく　つかまえて、
『ね、かわいいでしょー』って、お姉《ねえ》ちゃんに見《み》せてた。
未空《みく》は　こまったかおしてた」

「未空《みく》は、
『たいへんいままで　おせわになりました』
って、手紙《てがみ》をくれたの。
そのさいごには
『そだててくれて　ありがとう』って。
まるで　なにもかも　わかっていたようで、
なみだが　とまらない……」

択海《たくみ》くんは　三年生《さんねんせい》、
未空《みく》ちゃんは　六年生《ろくねんせい》でした。

あしたは　たなばたです。
空《そら》には　きれいな天《あま》の川《がわ》。
家《いえ》も　町《まち》のあかりも　みんな　流《なが》されて、
まっくらだから、
星《ほし》が　きれいに見《み》えます。
大川小学校《おおかわしょうがっこう》に、線《せん》を一本《いっぽん》ひいてあげると、
天《あま》の川小学校《がわしょうがっこう》。
みんな　見《み》ているね。
先生《せんせい》もいっしょだね。
わらってるね。

八月八日《はちがつようか》、
六年生《ろくねんせい》の小晴《こはる》ちゃんが　見《み》つかりました。

「五《ご》か月間《げつかん》、よく　がんばったね、小晴《こはる》。
海《うみ》までながされていったのに、
帰《かえ》ってきてくれて　ありがとう。
ほめてあげたい！　えらい、えらい」
小晴《こはる》ちゃんのお母《かあ》さんだけでは　ありません。
みんな　うれしくて　泣《な》きました。

「小晴《こはる》は、弟《おとうと》と　妹《いもうと》を
とても　かわいがっていて、
いい　お姉《ねえ》ちゃんでした。
卒業式《そつぎょうしき》で　はかまを着《き》るのを、
てれながらも、はずかしがりながらも、
とても　楽《たの》しみにしていました。
あと　一週間《いっしゅうかん》だったのに……」

子《こ》どもが見《み》つからない　お母《かあ》さんの気《き》もちが、
いたいほどわかります。
だから、みんなで　さがします。

帰《かえ》り道《みち》、花《か》だんによって、ひまわりに水《みず》をあげます。
ざっそうをぬきます。
ちかくのおばあちゃんも、
そうさくをおえた　おまわりさんも、手《て》つだってくれます。

ひまわりは、お母《かあ》さんのせたけを　こえました。
大《おお》きく　あつくなった葉《は》っぱ。ちくちくの太《ふと》いくき。

「堅登《けんと》は、大《おお》きくて　やさしい子《こ》だった。
柔道《じゅうどう》をならっていたんだけど、じぶんより小《ちい》さな子《こ》に　まけるの。
どうして？　って　きくと、
『だって　ぼくが　本気《ほんき》だしたら、あの子《こ》にケガさせちゃうでしょ』
って　いうの。
妹《いもうと》の巴那《はな》のこと、とっても　かわいがってた」

お母《かあ》さんは、まだ帰《かえ》ってこない巴那《はな》ちゃんに　手紙《てがみ》をかきました。

「お父《とう》さんも　お母《かあ》さんも　おじいちゃんも　おばあちゃんも、
いろんな人《ひと》たちに　ささえられて、はげましてもらって、まいにち　がんばれています。
巴那《はな》も　見《み》つけてもらうまで、がんばっててね。きっと　会《あ》えるから。
まっててね、まっててね」

堅登《けんと》くんは　六年生《ろくねんせい》、巴那《はな》ちゃんは　四年生《よねんせい》でした。

台風《たいふう》の強《つよ》い風《かぜ》にも　まけることなく、
おかの上《うえ》のひまわりたちは、
たくましく　そだっていきました。

真《ま》っ青《さお》な　真夏《まなつ》の空《そら》に、
たくさんのえがおが　さきました。
大川小学校《おおかわしょうがっこう》のほうをむいて、
ぴかぴかの花《はな》が　さきました。

お母《かあ》さんたちは、
そっと、ひまわりと　やくそくしました。
「もう　泣《な》かないからね」
やくそくできない　やくそくだけど。

ひとつぶの小《ちい》さな種《たね》が、
千《せん》つぶもの種《たね》になりました。
そのひとつぶひとつぶが、
ひとりひとりの子《こ》どもたちの、
思《おも》い出《で》のように思《おも》えました。
また　夏《なつ》がきたら　会《あ》おうね。

ずっとずっと
いっしょだよ。

あとがきにかえて　　　葉方《はかた》　丹《たん》

2011年6月、新聞で、大川小学校の児童のお母さんたちが、ひまわりを育てていることを知りました。

「子どもがいなくなってしまい､育てられる命を求めているんだと思う」。お母さんのこの言葉が心から離れず、“ひまわりの丘”をたずねました。日が傾きかけたころ、ふたりのお母さんが軽自動車でやってきて、ひまわりに水をやり始めました。その姿は逆光にゆれて、悲しいほど美しく、ミレーの絵を見るようでした。そのとき、お母さんとひまわりのことが「絵本になればいいな」と私は思いました。

ひまわりの丘をたずねるたびに、お母さんたちは、子どものことを聞かせてくれました。涙を流し、時には笑いながら話してくれました。お母さんたちの話は、子どもへの深い深い愛に溢れていました。そして、そのぶん、深い深い悲しみに満ちていました。子を想う母親の心は、果てがないと思いました。そのことを、できるだけ多くの人たちに伝えたいと思いました。そして、お母さんたちが書いてくれた、子どもたちについての手紙をもとに、この絵本をつくることになったのです。

ひまわりは、日々、大きくなっていきます。お母さんたちは、ひまわりの世話をしながら、ひまわりに語りかけています。きっと、子どもと話しているのです。ネイティブ・アメリカンの人たちは、「この世の中、誰ひとり私のことを思わなくなったら、私の姿は消えてしまう」と信じていました。人は、人を想うこと、人に想われることで、生きていけるのです。お母さんたちは、いつもどこでも、子どもたちのことを想っています。子どもたちは、お母さんといっしょに生きています。こんなかわいい子たちがいたんだよ。こんなやさしいお母さんたちと、ずっとずっといっしょなんだよ。絵本で伝えたかったのは、このことです。

絵本を開くと、子どもたちは、みんな笑っています。元気な声や歌声までが聞こえてきそうです。どうか絵本の中のみんなと、仲良く一緒に遊んでください。

お母さんたちからの手紙

3月18日の卒業式での袴姿を楽しみに、そして4月からの中学校生活をとても楽しみにしていた3姉妹の末っ子の愛は、セーラー服を着る夢もかなわず、私たちより先に天国へ旅立っていっちゃった。

誰からも愛されるようにと名付けた通り、みんなに愛され、いつもニコニコ笑顔で楽しい思い出といっぱいの幸せを残してくれたね。お姉ちゃんが大好きで、ゆいちゃんが大好きで、アニメのワンピースが大好きで、AKBが大好きで……。今頃はみんなで楽しくやっているね。

もっと一緒にいてあげればよかったなぁ。もっともっと話を聞いてあげればよかったなぁ。もっともっと……。

悔やむ思いでいっぱいだけど、愛が大好きなお家に帰ってこられたのも、みんなのおかげだね。

愛が教えていってくれた“命の大切さ”“家族の大切さ”“人への感謝の気持ち”を忘れずに、これからもがんばるからね。


（愛《あい》の母）


いつも背筋がスッと伸びて凛とした姿勢の理沙。自慢の娘でした。親子なのに､親友のように何でも話しました。

仕事の愚痴をこぼしたとき、「少し先に楽しみを用意すると、嫌な時間なんかあっという間に過ぎちゃうよ！

とりあえず今度の学習発表会でしょ？　その次はね～…」。それから、映画、参観日、クリスマス等、小さな楽しみをふたりでたくさん考えました。

ある日並んで本を読んでいると、「ママはコーヒーと本があれば生きていけるね」と理沙にいわれて、「ん？　そうかな～、それじゃあ理沙は本とココアだね」と話した事がありました。心がおしつぶされそうだった時、その事をふっと思い出し、“こうなる事を知っていて遺してくれたんじゃないか、あの子が教えてくれたようにして生きてみようか…”と思う事ができました。弟思いのやさしくてしっかり者のお姉ちゃんは、甘える事だけが

ちょっと下手でした。恥ずかしがっても、もっとたくさんギューッと抱っこすればよかった。

英語を習い始めて新しい世界に目を輝かせていました。大きな事を望んだわけではありません。卒業式や中学の制服姿…成人式…結婚…。娘の、何でもない普通の少し先の未来が、楽しみでした。

朝、目が覚めた時や、私の膝の上に座ってゲームをしている時、振り向いて「ママ、会いたかったね。会えて良かったね。会ってたけどね」。昌明はいつもそう言って嬉しそうに、にっこり笑いました。近くにいたけれど、心が離れてしまっていたという意味なのでしょう。今は、あの可愛い顔を見る事はできないけれど、心はそばにいるよね。幼稚園のころ、「ママはまー（昌明）に『バイバイ』って言わないで。『行ってきます』とか『行ってらっしゃい』って言って。ほかの人はいいけど、ママだけは言わないで。『バイバイ』って言うと、もう会えないみたいで嫌なんだよ」と目に涙を溜めていました。あの日の朝、「バイバイ」って言ってしまったのかな……どうしても思い出せません。学校ではみんなのリーダー。遊びの天才。人を笑わせるのが大好き。家では甘えん坊。いろいろな表情を見せる昌明の将来の夢は、やさしいお父さんになる事でした。「ママ、宇宙いち好き！」「おじいさんになっても、抱っこしてね」昌明がくれた、たくさんの可愛いくてやさしい言葉は、全部が宝物です。

理沙は私たちのために、すぐに家に帰ってきてくれました。昌明は、捜索に携わってくださったり心配してくださった方々への感謝の気持ちで、私たちの心が満たされ、怒りが静かに消える時を待つように、ゆっくりと時間をかけて帰ってきてくれました。本当にやさしいやさしい天使たちでした。


(理沙《りさ》・昌明《まさあき》の母)


2002年8月30日、12時51分。30度を超える天気のいい真夏日に、凜寧はパパとママの子どもに生まれてきてくれたね。水が大っ嫌いで、お風呂でもいつも怖いって泣いていたのに、幼稚園年長さんのプールの最終日、やっと水に顔をつけられるようになって、ビート板でバタ足泳ぎもできたね。ゴーグルをつけて水の中で目を開けたら「水がキラキラしてたよ。虹みたいに光ってた」って嬉しそうに笑って喜んでいたね。それから泳ぐのが好きになって、スイミングスクールに行きたい、って。あんなに怖くて嫌いだったのに、あの時の虹がとってもきれいだったんだね。それから毎年海に行くのが楽しみになって、パパと浮き輪で足の届かない所まで行ったり、波打ち際で波と遊んでいたね。

妹想いで、瑠菜がお友だちに意地悪されていると「凜寧の妹、いじめるな」って守ってくれたり、澪ちゃんのトイレやお風呂もお姉に任せてたね。この前、澪ちゃんとお風呂に入った時、頭に水をかけようとしたら「いっせいの、せっ」って。「お姉ちゃんに教えてもらった」って言ってたよ。

凜寧は歌も大好きで、3歳のころ、orange rangeの『花』をいつも歌ってたね。最近は、嵐が大好きで初めてCDを買ったね。毎日、朝と夕の登下校、お出かけの時は必ず車で聴いていたね。ママの車の中のCD、あの日の朝からとまったままだよ。

凜寧って誰がつけたの？ って聞いてきた事があったね。ママ恥ずかしくて言えなかったけど、凜とした健やかで安らぎのあるやさしい女の子になってほしくて、ママがつけたんだよ。歌と読書が大好きで息ができないくらい笑ってたね。

もっともっと凜寧の笑顔を見ていたかった。今でも、お姉のあの笑顔、声、思い出さない日はないよ。会いたくて仕方がない。お別れは言わないからね。ずっと一緒だからね。お姉……。


(凜寧《りんね》の母)

早李は小さなときから、やらなければならない事はしっかりできる子で、水泳・ピアノ・英会話教室に瑠優と一緒にいつも楽しみながら通ってたね。読書とマンガが大好きで、色んな本を借りてきては、最後までちゃんと読んでたし、自作のマンガ作りにもどっぷりと浸り、自信作は新聞にも投稿したよね。瑠優は、そんな早李が自慢で、クラスのお友だちからポケモンのキャラクターの絵を頼まれては描いてもらい、みんなから喜ばれるたびに

自慢してたね。

パパが大好きな瑠優は、いつもからみついてはパパを困らせてたね。「こんな事になるんだったら、もっともっと抱っこしてあげればよかった。もっともっと色んな所に、ふたりを連れて行ってあげればよかった」って、寂しそうにパパがつぶやいてました。

早李が６年生、瑠優が４年生になり、姉妹そろって元気に「行ってきます！」って毎日自転車通学する姿を見たかったなあ……。パパとママは、泣きたくなったら早李が携帯電話に残してくれた「ずっとみんなで笑っていたい」のデコメールを見て頑張ってるから心配しないでね。それと、ふたりとも「ママのお仕事だーい好き！」って言ってくれてたから、ママはくじけず頑張ってるよ。天国では、おジイもおバアも浜のおジイもいるから、ふたりとも寂しくないよね。


（早李《さり》・瑠優《るう》の母）


凌斗。柔道をしていたのに、夢はサッカー選手。理科の実験が大好きで、ロボットを作る学校に入りたいって言ってた。右目の視力が極端に悪くて、ゲーム機は中学になるまでお預け。あの日クラスメイトと「りょう坊のお母さんにゲーム機を買わせる作戦」を練っていたと、あとから知りました。お友だちと話が合わなくて、かわいそうな思いをさせたね。ごめんね。昆虫が大好きで、夏はＴシャツの背中が色褪せるほど外にいた。カブトムシの幼虫を飼っていて、手のひらにのせて「なんてかわいいんだろう」って言っていた。「あ～どこかにボクと同じ虫好きのお友だちいないかなあ」とも。凌斗、いたんだよ。あなたの世界はこれからだったのにね。

玲奈。かわいい物を手作りするのが大好き。本を読むのも大好き。でも作文は苦手。保育士さんになるのが夢で、ピアノを習っていました。次の発表会はママの好きな曲を弾いてくれるつもりだったんだよね。弟とケンカする時は、足蹴りをくらわせていたりもしたけど、手先が器用で、ママの子どもの頃とは似ても似つかないほど女の子らしい子。下に弟と妹がいたからいつも我慢ばかりさせて、さびしい思いをさせてた。もっと一緒にいて、甘えさせてあげればよかった。ごめんね。あの日の朝、身支度を整えて、忘れ物はないかきちんと確かめて出て行ったあなたを、「もう中学生になるんだなあ」と頼もしく感じていました。どんな青春時代を過ごして、どんなお嫁さんになるのか、ママはとても楽しみでした。

友梨香。キラキラしたものが大好き。模様をつけたセロハンテープを両手の爪に貼りつけ、派手なネイルアート。食いしん坊で、お兄ちゃんが校外学習のお土産に、友梨香にかわいいキーホルダーを買ってきたのに、ママへのお土産の大福ととりかえたでしょ。お兄ちゃん、怒ってたよ。スキー教室で夕食後に出たおやつの菓子パンを、こっそりとっておいて、翌日のバスの中でおいしそうに食べていたのにはびっくり。トマトとキュウリは切ってあげると「そのまんまほしかったのにぃー」と怒られたっけ。ママが疲れていると、膝の上に座って歌をうたいながら、ハグしてくれた。やさしくて愛らしかった。

３人とも、いつも“ママ、大好き”って言ってくれた。ありがとう。ママも、あなたたちが大好き。


（玲奈《れな》・凌斗《りょうと》・友梨香《ゆりか》の母）


いつもニコニコ、笑顔のかわいい子どもたちでした。私たちの大事な宝物でした。未空は６年生。家ではのんびりで、でも学校ではとてもしっかり者。友だちや先生から信頼してもらっていたようです。

択海は３年生。友だちと遊ぶ事が何より大好き。明るくて人なつこく、近所の方や友だちのお父さんお母さんにも、とてもかわいがってもらいました。ふたりとも家族思いでやさしく、親子４人で出かけて帰りが遅くなると、「おばあさんたち大丈夫かな」と心配する事もしばしば。手紙や家族をテーマにした作文では必ず「ありがとう」や「大好き」と言ってくれました。去年の七夕飾りには「家族がしあわせでいられますように　たくみ」と書いてくれていました。スポ少の活動や習い事も、くじけそうになりながらも、がんばり続けました。


（未空《みく》・択海《たくみ》の母）

産まれた瞬間から分かるくらいのお父さん似で、お父さんが大好きだった小晴。そして小晴はいつも母さんの味方をしてくれたね。小晴がいなくなって……初めて母さんがあなたにどんなに助けられてきたか、頼っていたかを思い知らされた。

弟の冬真と妹の小瑛の面倒をよく見てくれたね。米をとぐのと餃子を包むのは小晴の分担。大好きな嵐や流行のドラマや番組の録画も小晴の担当。小晴がいてくれたらなぁ…ってつい思っちゃう瞬間が今でも毎日いっぱい。そんな頼れるお姉ちゃん。

なのに、いっぱいいっぱい怒っちゃった。だけどそれも小晴のためだと、ちゃんとわかってくれていたね。お利口さん。

これからも母さんの一番の味方は小晴だよ。小晴が味方だと思うから、母さんもがんばって強く生きていく。

今はまだちょっとあなたがなるはずだった中学生を教えるのは無理だけど、必ずいつか、あなたの夢だった学校の先生に戻って、あなたがなりたかった、やさしく厳しく教えられる先生になる事を、私の中にいるあなたとともに目指すから。

私たち家族は、心はいつもあなたと一緒だよ。きっとあなたもそう言ってるね。

そして、ちゃんと聞こえてるよ、小晴の「ありがとう」。


（小晴《こはる》の母）


巴那はいろんな意味で「強い子」だったと思います。病院で注射をされても、歯医者さんで歯を抜かれても泣いた事はありません。学校のクラブは、お友だちにまどわされる事もなく男の子にまじって自然科学クラブに入り、楽しんでいました。自分をきちんと持っている子でした。自転車通学も、ほかのお友だちが車に乗せられて行く天気の悪い日も、男子チームにまじって通っていました。男子並みの根性の持ち主でした。ピアノは特別上手なわけではなかったけれど、ピアノの先生に「コンクールに出たい」と話していたとの事。自分から言うあたりはさすが巴那。向上心のかたまりだね。学校が大好き、お友だちが大好き。具合が悪くても休もうとしなかった。

巴那はおてんと様のようにほんわか周りの人たちの心を和ませてくれる、あたたかい子でした。笑うと食べたくなるくらいまん丸の、たこ焼きみたいなほっぺ。クラスのみんなにさわられて、嬉しそうにしていたあなたの笑顔は世界一。

堅登はとにかくやさしさの塊のような子でした。子どもたちのご飯を毎日作ってくれていた義母について、「堅登、おばあさんの料理おいしいよね」と言うと、「おばあさんの料理もおいしいけど、お母さんの料理もおいしいよ」と、料理不得意の私を気遣ってくれ、私が「でもお母さんはカレーとシチューしか作れないし……」と言うと、「お母さんの唐揚げとハンバーグもおいしいよ」と堅登は言ってくれました。

去年の今頃、義母が以前から見てみたいと言っていた二本松の菊人形を見に家族みんなで行った時、堅登は足が悪く杖をついて歩く義母の手をとり、ずっと一緒に歩いてくれました。本来なら恥ずかしくて嫌がる年頃だと思うのですが、文句も言わず……。3月11日、校庭に避難しているあいだ、堅登が口にしていた言葉は「家は大丈夫かな？　家の人は大丈夫かな？」でした。その直後、津波にのまれて死ぬ事も知らず、あの子は最期まで家族の事を想ってくれていました。

以前、あまりにもお人好しでやさしすぎる堅登の事が心配で、担任の先生に相談した事がありました。先生は、私にこう言ってくれました。「ねむの木学園の園長で、女優の宮城まり子さんは『やさしくね、やさしくね、やさしい事は強いのよ』って。人にやさしくできる人は、実は心の強い人なんですって」と。その時はピンときませんでしたが、息子の遺体と対面した際、とても頑張った凛とした死に顔を見て、まさしく「やさしさ＝強さ」だと確信しました。堅登、たくさんのやさしさをありがとう。あなたは強い人でした。


（堅登《けんと》・巴那《はな》の母）

葉方 丹（はかた たん）

一九四四年京都市生まれ。日本シナリオ作家協会、日本音楽著作権協会会員。おもに、ドキュメンタリー、幼児番組の作詞・脚本・演出を手がける。『おかあさんといっしょ』『まちかどド・レ・ミ』（NHK）、『おはなしでてこい』（NHKラジオ）、『まんが世界昔ばなし』（TBS）、『こどもちゃれんじ』（ベネッセ）など多数。

松成真理子（まつなり まりこ）

一九五九年大分県生まれ。『まいごのどんぐり』（童心社）で児童文芸新人賞を受賞。絵本作品に『じいじのさくら山』『ふでばこのなかのキルル』（白泉社）、『ぼくのくつ』『せいちゃん』（ひさかたチャイルド）、『くまとクマ』（童心社）、挿絵の仕事に『蛙のゴム靴』（三起商行）、『じぶんの木』『かさじぞう』（岩崎書店）など多数。

ひまわりのおか　　いのちのえほん 22

2012年8月31日　第1刷発行
2012年9月30日　第3刷発行

文　ひまわりをうえた八人のお母さんと 葉方丹

絵　松成真理子

発行者　岩崎弘明

発行所　株式会社 岩崎書店
〒112-0005 東京都文京区水道 1-9-2
TEL 03-3812-9131（営業）　03-3813-5526（編集）
振替 00170-5-96822

印刷所　株式会社 光陽メディア

製本所　株式会社 若林製本工場

Published by IWASAKI Publishing Co.,Ltd.
Printed in Japan.　NDC913　ISBN978-4-265-00632-8
岩崎書店ホームページ　http://www.iwasakishoten.co.jp
ご意見、ご感想をお寄せ下さい。hiroba@iwasakishoten.co.jp
乱丁本、落丁本は小社負担にてお取り替え致します。

この絵本の印税と売り上げの一部を、東日本大震災被災地の復興支援等のために寄付いたします。